DIBUJAR

ESPACIOS

Olga Blinova

La metamorfosis del miedo

europa
ediciones

© 2026 **Europa Ediciones** | Madrid

www.grupoeditorialeuropa.es

ISBN 9791256961764

I edición: febrero del 2026

Distribuidor para las librerías: **CAL Málaga S.L.**

Impreso para Italia por *Rotomail Italia S.p.A. - Vignate (MI)*

Stampato in Italia presso *Rotomail Italia S.p.A. - Vignate (MI)*

La metamorfosis del miedo

Dedico esta edición a la generación del Milenio, que encontró la fuerza para convertirse en un puente entre las épocas de ideales destrozados y significados falsos. Tras transformar la desilusión, el vacío y el abandono en la sed de vivir, adaptándose a la era digital, conscientemente han cimentado su sólido hogar sobre el abismo de la pregunta sin respuesta: «¿Para qué?». En él, el dolor de la pérdida no tiene poder sobre el espíritu. Es apenas un fugaz soplo de normalidad.

Este libro es un testimonio de la sutil lucha de la naturaleza interna de una mujer con las circunstancias externas, un testimonio de la transformación del miedo en la aceptación de la vida. Agradezco a todas las personas que se han cruzado en mi camino, incluso en forma de sus obras literarias, y que han contribuido a mi formación espiritual. En particular, quiero agradecer a mi esposo por su inagotable fe en mí y su apoyo. Como mi primer lector, me dijo con profunda perspicacia: «¡El mundo necesita ver esto!».

"For all men live by truth and stand in need of expression. In love, in art, in avarice, in politics, in labor, in games, we study to utter our painful secret. The man is only half himself, the other half is his expression".

Ralph Waldo Emerson (1803 - 1882), *The Poet.*

Índice

¡Estimado lector!

"All art is absolutely useless"[1], Oscar Wilde

El arte acompaña a la gente a lo largo de su vida. Su necesidad no está determinada por la producción de recursos materiales, la organización sociopolítica de la sociedad ni por vínculos ideológicos obligatorios. Su esencia reside en otra dimensión, trascendental, en la que intentamos comprender el significado de conceptos como la fuente, el Creador, el sentido de la vida y la muerte, el amor, la causalidad y la necesidad, etc. El arte, por lo tanto, es un medio para obtener conocimiento metafísico, que nos eleva del nivel de la rutina a un nivel en el que mirar más allá del horizonte, la contemplación interior y el autoconocimiento se convierten en parte integrante de la vida espiritual del ser humano. Junto con la ciencia, el arte requiere la creación de un lenguaje de autoexpresión, un lenguaje único para transmitir significados, sensaciones y experiencias profundas. La pintura, la escultura, la música, la danza, el teatro, la ópera, el cine, la narrativa, la arquitectura, la fotografía y la alta costura son los lenguajes en los que se plasman los valores espirituales de la humanidad. Al comprender el simbolismo de uno de los lenguajes del arte, la poesía, asumí con gran placer e inspiración el reto de su complejo sistema semántico, desde su juego con reglas estructurales estrictas combinado con la libertad de la sinonimia, que crea una entropía especial del texto poético. Este camino del conocimiento tiene un comienzo, pero no un destino final, al menos por ahora. Que así sea, porque en mi profunda

---

[1] «Todo el arte es absolutamente inútil», Oscar Wilde

convicción, la perfección se alcanza en el proceso. Sería erróneo decir que tenía un objetivo en mente al escribir este libro. Todo lo contrario, el laborioso proceso de creación está intrínsecamente ligado al autoconocimiento o, mejor dicho, al autorreconocimiento, al despertar de verdades internas que no resultaban evidentes en un momento dado de consciencia. Cabe destacar que este camino dista mucho de ser trivial, pues requiere un coraje extraordinario para desnudar el yo interior y desprenderse de la máscara del ego. Cuando las experiencias alcanzan profundidad y expresan el verdadero ser se vuelven poéticas y exigen una expresión estética. En su ensayo «*El poeta*», Ralph Waldo Emerson afirma que el poeta se sitúa un paso más cerca de la esencia de las cosas y convierte el mundo en cristal transparente.

En mi relato «*Elegancia es carácter*», la protagonista declara con dolor en el corazón que «el lenguaje poético es el único instrumento lingüístico en manos de un maestro capaz de capturar la esencia de reinos intrincados y plasmar las complejidades de realidades multidimensionales. Una mente humana inmersa en los fondos insondables de la poesía exquisita se acostumbra a pensar con amplitud y a analizar con profundidad; aprende a mirar más allá del horizonte con inspiración y, sin darse cuenta, se concede el privilegio de crear algo que trasciende el tiempo y el espacio, convirtiéndose en un clásico imperecedero. La poesía mediocre no es una mera actividad inocua; es una forma perniciosa de literatura que embota las mentes, buscando perpetuar una perspectiva miope, una mentalidad estrecha y una visión binaria del mundo, todo a un precio más alto que el Santo Grial».

Cuando la experiencia y la contemplación de la vida en mi conciencia se volvieron poéticas, utilicé el «lenguaje de los dioses» para plasmar experiencias espirituales, intelectuales y emocionales en una forma material. Como heredera y admiradora de la tradición literaria clásica, siempre he procurado atenerme a sus cánones mediante una comprensión contemporánea de la realidad. El proceso de comprender y crear su código material —es decir, un poema— es bastante complejo. En mi ensayo *«Cómo nace la rima»*, recordé cómo en mayo de 2019 desperté con un poema completo en la cabeza: era *«El otoño tardío no lleva promesa»*. Yo, enredada en la manta, tropecé, corrí hacia el escritorio, agarré el primer trozo de papel, un bolígrafo, y muy rápidamente lo escribí, restaurando la estructura del texto desde el final hasta el principio, porque las primeras líneas ya habían comenzado a olvidarse. El poema *«La antítesis»*, que comenzó como un poema de nueve estrofas, me condujo a un dilema existencial que solo pude resolver seis años después. Intenté repetidamente retomar la obra para finalmente terminarla, pero fue en vano, hasta que, por designios del destino, todas sus imágenes y personajes se fusionaron en una estructura coherente en agosto de 2025. ¿Acaso esta experiencia no plantea la cuestión de si algunas obras de arte y ciencia poseen conciencia y voluntad propias? El escritor inglés Graham Greene, en su relato *«Los caballeros japoneses invisibles»*, señaló que las obras son como partos sin anestesia (*"They have to be born without an anaesthetic"*[2]). Coincido con él en parte, pues mi experiencia ha combinado la facilidad de dar, el ardor de la inspiración y la desesperación del estupor absoluto.

---

[2] «Tienen que nacer sin anestesia»

Mi poesía refleja temas tan apremiantes como la lucha entre la mente y el corazón, la resurrección, el vagabundeo, la traición, el encuentro con el amor y la imposibilidad de la conexión, la felicidad de la soledad, la fugacidad de la vida, revelaciones espirituales inesperadas y la reverencia por la naturaleza. Al revivirme a través de la memoria, intenté trascender los límites de la existencia individual y, mediante la emoción pura, alcanzar las verdades de la filosofía universal.

Estimado lector, tal vez, tras familiarizarse con mi obra, se vea reflejado en ella. Usted tiene total libertad de interpretación del texto poético que puede guiarle por un camino de autodescubrimiento. Para mí, como autora, esto sería una recompensa incalculable.

Atentamente, Olga Blinova.

1. Si rechazamos lo bendito…

Si rechazamos lo bendito
amando tonos otoñales,

contamos días para el grito

de las ventiscas invernales.

Con el sabor de lo amargo

y pena grande como el orbe

de lo oscuro, sin embargo,

¡reviven

nuestros inmortales nombres!

Sevilla, 2019

2. El otoño tardío no lleva promesa

El otoño tardío no lleva promesa,
¡que el follaje de oro siga su curso!
El amor acabado nunca regresa,
simplemente florece un nuevo impulso.

De repente me siento tan elevada
en el jardín recientemente desnudo.
Dios sea contigo, por el suelo dorado
ya no me acerco a la condena aguda.

En un triste suspiro vislumbro futuro
y en la lágrima caída con calma.
Florecerás en mí cuando seas maduro
como la dicha que encontré en mi alma.

Sevilla, 2019

3. ¡Qué silencio!

Qué silencio! El susurro brillante
no tocará la llama de velas.
El temblor de su mano amante
barrerá mi valle de penas.

Y así,
el corazón cristalino su hielo derrota.
Ya la mano está en reposo…
Un grito silente en el espacio flota,
una lágrima corre en la penumbra dichosa.

Ahora, sin confesiones y reproches
nos sometemos al amor
y confiamos en la noche
que lucha contra el dolor.

El futuro se crea a través del temblor

en calma sonora y sin soez vanidad.

Entregando mi vida al sagaz Creador,

a mi camino ha llegado la Verdad.

Me hizo una seña, enderezó su chal,

se abrió a la declaración:

«¡Santo Cielo! ¡Esperas del tiempo ancestral!»;

y dejó beber de la copa de pasión.

Dio refugio a la cabeza cansada,

su palma tierna me sosegó la frente;

un suave beso en la corona rizada

estrenó otro capítulo en mi vida carente.

Sevilla, 2019

4. ¡Qué divina estaba la cría!

Qué divina estaba la cría
con el talento natural de mostrar

sus rasgos con la frescura del rocío

y la temprana calidez del despertar!

¡Qué traviesa estaba la cría!

Dibujaba su retrato del destino:

alrededor de la fantástica bahía

construía de arena su castillo.

Su corazón estaba abierto

como la ventana decorada:

el tejido de su frágil atuendo

los hilos de juicio no habían marcado.

El tiempo le fue concedido

para dar su sonrisa inocente.

Aún nadie se había reído

de *ses dents de bonheur* creciente.

La sombra delineó su trayecto

para ceñir el alma de la flor:

«¡No cumples con nuestros preceptos!»,

el abuelo soltó su rencor.

Las ovejas corrían tras ella,

y el asco la hacía temer

la preferencia por la vecina estrella,

que escupan en su tesoro de ayer.

Desde entonces se vio obligada

a vivir en la duplicidad.

Jadeando, se vio esforzada

al merecer un pelín de bondad.

El arco nublado ocultó su afán,

el cielo carmesí, su corazón cruento.

Sin poder esconder su triste ademán,

la loba no aulló en la manada contenta.

Se puso la púrpura sobre la vela

que alumbró su reino de suspiros.

La soledad abrazó de nuevo

su amiga tan fiel a los zafiros.

Le habían asignado las misiones,

le repugnaba la vida sin razón.

Sus sueños no conocían imitaciones,

conocían el ritmo de su corazón.

La incertidumbre la carcomía,

un vacío profundizaba su herida.

En cualquier momento un «experto» podría

perturbar la fe de la moza perdida.

De repente, la ira le quemó la sangre:

«¿Qué demonios estáis haciendo?

Soy yo aquí, la Providencia, la sombra

de mis talentos en esta tormenta».

Parece que está destinada

a luchar con el miedo oscuro,

a seguir la razón antes callada,

a ignorar el susurro nocturno.

Sevilla, 2020

5. En busca del hogar

Mi espíritu planeaba en las tierras hermosas
con el poder de la mar y las montañas lustrosas
complacer a la vista, acariciar el oído
con gaviotas y madrigales del oleaje nacido.

Con reverencia a los elementos
flotaba el rey, vencedor de los vientos.
Calmando la sed por lo infinito,
el águila dio el último grito.

Sin prisa su naturaleza noble
allanó el camino a su casa de roble.
La pendiente que desciende fatalmente
protege su nido querido ardientemente.

Seguía su vuelo con la triste mirada.
Exhalando el aire en el que confiaba,
le pedí a la estrella que me respondiera
a lo que me destino pareciera.

Cualquier ermitaño sabe de antemano

que el brillo nocturno guía a su hermano.

Las estrellas, la Luna en su amistad,

¿cómo corren sin cansarse en la oscuridad?

Silencio. Acepto mi destino

deambular por mi camino.

La noche, el día tienen la misma fuente.

¡Ya es hora de irme! ¡Buena suerte!

A lo lejos me llama el confín.

Mientras sea recto mi carril,

susurro una oración

en la vigilia hallar mi casa en el corazón.

Pamplona, 2020

6. Cuarentena

En el frescor cristalino de la alborada,
a través de las cortinas como la seda tocaba
el soplo de viento y se derramaba
la esperanza en su esplendor nacarado.

En las olas de una manta espesa,
esa promesa con el toque de tul,
y el aire florido que le envolvía aún,
insistía en que le confiase.

¡Oh, la flor de naranjo! Su terciopelo
alegremente flotaba en la habitación
sin miedo ninguno a la prohibición
de marzo, vengándola sin consuelo.

La ilusión se derrumbó en el día:
el trino de aves ya no cantaba la vida,
las bandadas de moscas zumbaban: «¡Olvida!».
Del sueño matinal la quimera crecía.

Una bolsa de basura se elevó en el aire

con su danza oculta que daba vueltas,

se burlaba del mundo ganando fuerzas,

de la calle desierta el misterioso fraile.

Como los presos sin prisión,

por invisibles grilletes estaban atados.

Las mentes sanas habían sido aplastadas

por el miedo y la nueva razón.

Con rostro triste una cristiana

estaba abrazando a su carlino.

Con su espíritu por poco en ruina

apretaba sus labios detrás de la ventana.

Volvía a sonar el himno vespertino

les recordando: «¡Cuarentena!».

Su templo divino fue uno de pena

que se hundía como los troncos del camino.

***

En el frescor cristalino de la alborada,

a través del encaje corrían las nubes

y de las cimas de todas las cruces

prometiendo un esplendor nacarado.

Sevilla, 2020

7. Soneto

El empujó el bote de madera
al lago en el que se hundió

su alma. ¡Oh! si tan solo pudiera

calmar el pánico que le invadió.

Por timidez no era conocido

ni en el ejército, ni en Afganistán,

bajó los ojos, corto, confundido,

cuando tocó la mano de la joven con afán.

Con chapoteo delicado

el remo iba abismando.

Él se alejó de la orilla con agrado

y ocultó su corazón que la iba amando.

¡Reflejos en el agua! Su rostro era el más brillante.

¡Qué injusticia que él podría ser su padre!

Tavda, 2020

8. En la umbría los arcos murmuran

En la umbría los arcos murmuran
y la alfombra de hoja fragante;

en el cruce de sombras abundan

las flores de Buganvilla flamante.

Sevilla, 2020

9. La noche de Luna

La noche de Luna susurraron las olas,
en voz baja invocaron recuerdos,

tiempos idos; con la luz de aurora

lejos se fueron sin consentimiento.

Tavda, 2020

10. ***

¿Fuese el seno que se veló de promesa?

¿O la cara soplada por viento?

De esperanza la vida se llenase,

¡que en abril lloviese con tiento!

Sevilla, 2021

11. Recuerdos del invierno

De mandarina dulcemente perfumado
este domingo se quema incienso;
cobijo de la dueña, se oye el ascenso
de la fiesta en honor del bautizado.

Sobre la pila un recuerdo deslumbró,
en calma pura empecé a evocar:
los leños crujen, comienza a nevar–
lo consagrado que invierno encumbró.

Sevilla, 2021

12. Réquiem

Ayer seguíamos inquebrantables:

café, té y paseos con prisa.

Pensar en los cambios era inaceptable:

no pudimos despedirnos en el paraíso.

¡Te compongo un réquiem, cariño!

Un arroyo del bosque fluirá en él,

y un leño en la hoguera

cada vez como la primera

con ámbar iluminará tu piel.

Por un sendero que no hubimos trazado

–¡con qué ternura lo poetizaste!–

el majestuoso alce

–¿por cuántas veces lo hace?–

ha sentado sus nuevas bases.

¡Te compongo un réquiem, cariño!

Frambuesas con crema se arremolinan en él.

Y una lágrima serena

quedará en su seno

sin el sabor de la pérdida cruel.

Cordillera y un cocido al fuego…

Arqueado por la mochila y luego

envuelto en la manta de tartán

cada vez antes de cenar

en el sueño susurrabas tu ruego.

¡Te compongo un réquiem, cariño!

¿Te acuerdas nuestro gato vagabundo?

¿El jardín y el piso ajeno

si fuera mi puerto entero?

Pensé que nunca dejaré este mundo.

¿Te acuerdas tus picardías latentes,

como girabas con un gesto preciso?

Con nuestras costumbres,

botines viejos, incertidumbres

continuamos con el compromiso.

Sevilla, 2021

13. Mar en acuarela

He llenado el vacío de inspiración
y absorbido el aire de pinar,

he encontrado la anhelada consolación

al abrazar un serbal y dejar de vagar.

Runrunea una hilera suprema

—las dríadas de las altas franjas—.

Un arroyo espejo refleja su diadema

y susurra en las tierras bajas.

Mis recuerdos no te molestarán

con la gracia del atavío silvestre.

—¿Entonces por qué has dibujado el mar?

— Para recordar tus ojos de azul celeste.

Tavda, 2021

14. El susurro de las páginas viejas

El susurro de las páginas viejas.

El aire suave débilmente llamó

a mi alma llena de dignas promesas

a romper el vacío que se cristalizó.

El bien sagrado nunca nace de prisa,

así que uno debería pensar

como beber de su cáliz, que no le martirice…

¡Oh, en la ventana una mosca golpea su azar!

–¿Oyes? Hoy, los ángeles te atraen

bajo el arco de las copas desnudas.

–Estas son las hojas que caen.

–No, runrunean así desde los tiempos mudos.

Ya es hora de lo esperado:

escuchar el susurro divino.

A lo largo del callejón dorado

oí: «¡Siempre estoy contigo!».

***

Otra hoja desgastada de la Sagrada Escritura.

La habiendo pasado con su devoción

el alma aprende entre las líneas puras

lo que es la grandeza de la Creación.

Tavda, 2021

15. El invierno ruso

Al soñar, un espacio se me apareció:
atardecía y la mecha ardía;
el mueble antiguo resplandeció,
en la estufa la leña crujía.

Repleta de fortuna está la casa de madera,
aunque su valla se había torcido.
Tras la ventana, las cúpulas ardieran:
la catedral nevada está en su olvido.

No sacude el viento ni una rama de abedul:
el abedul preserva la armonía rusa.
Su noble postura con la escarcha de tul
me enternece con su nácar de musa.

Se oían, de repente, los sonidos conocidos:
el repique de campanas y crujido del trineo,
–y la mesa está puesta, ¡pero todo es muy sencillo!–
y un leve resuello del caballo de paseo.

¿Por qué no te quitas los guantes deprisa

y calientas las manos al lado del hogar?

Tus recelos se trocarán en la ceniza

y con la calma ya dejarás de rogar.

Salamanca, 2022

16. Junio

Una tira de seda sobre el hombro de mármol,
un visillo nevado sobre el cristal de fervor…
La perla nocturna tras las ramas del árbol
ilumina el cielo de junio abrasador.

La sombra frágil de la fronda de encaje
entreteje una tela en el pecho tierno.
Los ojos húmedos y casi insondables
perciben su misterio interno.

Allí,
un sendero apartado borra la carretera
y como un arroyo fluye bajo la vertiente,
enmarca unos prados de la amable colmenera…
Su ventana aún da al camposanto deprimente.

Allí,

El atavío precioso engalana los campos

con amapolas sutiles y bardanas atrevidas,

los tréboles rojos, mejoranas y cardos…

Un ratón nunca queda desprevenido.

Allí,

las tercas hormigas en una fila delgada

se apresuran a construir su hogar;

a lo lejos, en el borde desasosegado

los nubarrones ya adivinan el fin de su lugar.

Allí,

el trueno está desgarrando el cielo,

las «fuerzas del mal» están a punto de luchar

con el domo dorado y merecido consuelo

y los silbidos hermosos de un hábil zorzal.

***

El aire cristalino y el blanco de tul…

Su mirada rociada tembló levemente…

«Il s'avère que je suis noctambule»[3],

ella pensó brevemente.

Salamanca, 2022

---

[3] «Resulta que soy un noctámbulo».

17. ***

A lo lejos se ve una era,
a la sombra de robles yacen unos corderos.

No me atrevo a pisar esta tela

del prado primaveral-veraniego.

Salamanca, 2022

18. ***

E ngañosa es la rosa ajena,
su perfume esquivo afina.

Si un día salieras del seno,

te acosará su espina.

Pamplona, 2024

19. Cada día el viento desnuda mi jardín

Cada día el viento desnuda mi jardín,

cada día envuelvo la garganta.

En mis sueños han llegado a su confín

el toque de tu mano y tu rostro amante.

Los mismos rumores, las caras, las calles…

Ah, me he mudado, estás en mi cartera.

Sordos a la verdad, aún perseguimos los fallos.

¿Por qué no has aparecido esta primavera?

Todo sigue igual, las viejas tonterías:

luché contra la tiranía y salvé a una gata,

perdí la fe en la gente, en esa loca mayoría.

La fe en ti es lo que siempre me rescata.

De repente no tuve ni un sueño contigo

después de estos breves miles de años.

Te amo en silencio, la Luna es mi testigo

y el sol de margaritas que no me desengaña.

Cuán rara vez me rompo los nudillos

y frenéticamente miro hacia adelante.

No serás mi pasado, así que lo adivino

que guardaré tu voz y mirada en mi vida restante.

Salamanca, 2022

20. Homenaje a diciembre

Llegué tarde a la Vigilia Nocturna
por el camino de antaño que me recordó
que solía vivir un agüero taciturno
si de los hombros el abrigo se te cayó.

Un chal arrugado quedó sobre la cama,
el viento soplaba la piel de oveja.
«*Mercure*» fue mi asilo desgastado…
¿Debería resfriarme en esa calleja?

¡La Catedral de San Andrés!
No di limosna a los miserables,
porque esa noche, *au même degré*[4],
nuestros espíritus estaban irrecuperables.

Quisiera volar hasta la bóveda alta,
extender mis alitas y arrullar,
cantar el amor y la libertad que nos faltan,

---

[4] En el mismo grado.

pero ya había aprendido a callar,

amar sin palabras, no encender unas velas,

abrazar este «reino» con una mirada.

No hay vanas súplicas de buenas novelas.

Yó abrazo mis hombros por adelantado.

¿Qué no había visto hasta entonces?

¿Désolation ou Variétés?

¿Las paredes azules de los hoteles atroces?

¿Ou de la crème brûlée au Café français?

Había sido completamente tentada

por el velo festivo de la capital moderna.

Fue mi mente que estaba anhelada

componer una nueva página eterna.

Burdeos, el 31 de diciembre 2022-2023

21. Ten piedad

Te ruego tener piedad

y entender sin pretensión

que te amo hasta la luna y vuelta.

Créeme, no es una ilusión

ya que mi corazón nunca miente.

Si me confirieras un regalo sencillo,

una nimiedad más humilde,

la solitaria bella, me acostaría con ella

para memorizar esta linde:

eres mi único tesoro,

que puedo contemplar y fingir que lo ignoro.

Pamplona, 2023

22. Moriré cien veces antes de confesar…

La cama deshecha, en su abismo perlino
han caído las gotas de mi melena mojada
y las voces remotas que no han sobrevivido
al silencio de la centésima primera semana.

En esta paz he perecido cien veces
como un eco en un cristal tallado;
para saber que la vida aún te favorece,
ciento una veces he resucitado.

Contaba las épocas doblando mis dedos:
una risa del pecho y mirada al suelo,
un suspiro inquieto cuando estoy indefensa,
la depresión del amor que vive sin consuelo.

La arena recorre el cristal de mis palmas.
Aun así, mi lealtad es más duradera:
guarda la paz sin las voces pasadas y falsas
una vez rociadas con este tiempo austero.

La cama deshecha, en su abismo perlino

ha caído mi alma como un rocío temprano.

En la conmoción de abril ella ha aprendido

a seguir sin tu amor cada alborada.

Pamplona, 2023

23. ¡Mi memoria! ¡¿cuánto tiempo ha estado dormida?!

Tu vejez no perdonará la traición del amor.

¡Mi memoria! ¡¿cuánto tiempo ha estado dormida?!
Durante cien inacabables inviernos,

como si mi vida no hubiera sido vivida…

Aprendí a amar el otoño en este olvido.

En labios secos eres un solo suspiro

y el viento entre el follaje caído.

No pudiste surgir ni por el derecho perdido

al sentimiento que ya no es mío.

La muerte, su gracia es la puerta del olvido:

tras ella, se renace para volver en sí.

En el silencio inefable ni el rocío

me recordó jamás a ti.

Durante cien inacabables inviernos

mi memoria ha estado dormida.

Otra gente ensaya nuestros escenarios tiernos,

mientras tanto, mi destino ha sido reconstruido.

En él, las facetas meta empíricas

entrelazaron el absurdo y el sarcasmo

sin nosotros, sin niños, sin rimas románticas;

y arrojaron nuestra tragedia a un páramo dramático,

donde

sin el noble retoque de la muerte

pero nada me recordó a ti.

De repente, la esquiva tristeza me despierte:

la vida de otra me hizo volver en mí.

Ella tiene todo lo que podríamos tener,

de lo cual estoy privada para siempre.

Abatida por la pérdida, hoy al amanecer

fui herida por el destino de alguien equivalente.

Adoro las estrellas con los ojos cerrados,

sin palabras profetizo el ascenso

¿para contemplar las cenizas disipadas?

Oh, no, ya pasé mi Pasión de Cristo tan tensa.

El pasado a veces me envía los ecos.

A ellos contesto con la fuerza eternal.

Eres un suspiro en mis labios secos,

¡por siglos te suplico que sigas como tal!

Aeropuerto de Belgrado, 2023

24. Una casita gigantesca

El calor emana de los viejos muros,
las columnas de humo moldean pilares.
Se esforzarían por alcanzar las nubes,
pero se arrastran acerca de hogares.

En su sombra, noviembre gime:
un montón de nieve cruje como pan fresco.
Tu bota empapada en ella imprime
una huella profunda y burlesca.

El gigante del pasado lejano
se yergue como un santo tonto.
Cansada de la suerte anciana,
una casita vive en la memoria remota.

Hace mucho que descansan en otro mundo
los anfitriones de ayer.
Unida por la historia profunda,
una familia se sentaba a la mesa al atardecer.

De bebé, te bañabas en la sauna vieja

y comías las empanadas de la dueña.

Te cantaban las ancianas en parejas,

tú bostezabas junto a la estufa de leña.

En lugar de la mesa y la estufa anticuada,

están las perchas de gallinas y los perros de corral.

En palimpsestos ya está marcado

un nuevo texto pastoral.

Unos troncos están dispuestos en capas

para sostener la ventana rota.

Aun los niños reconocen la nueva etapa:

su flamante hogar desplaza la casita devota.

El calor emana de los viejos muros,

ya es hora de que te despidas.

Tal vez olerá a noviembre oscuro…

Te queda un tiempo para vivir esta vida.

Pamplona, 2023

25. ¿Por qué comencé a prestar atención?

¿Por qué de repente comencé a recordar

nuestro último septiembre

y el octubre desierto

y las palabras que no pude confesar?

¿Por qué comencé a prestar atención

al sonido de pasos en el pasillo,

a los pájaros cantando en mi cercanía

y a la compostura en mi corazón?

El silencio, ¿dónde se amuralla?

En unos pares de palmas vacías,

en héroes viejos que terminan sus días

que en sus almas no buscan, así que no hallan.

La orfandad, ¿dónde anidas en el paraíso?

En el delirio de Josefina demente,

en la humildad de los inocentes,

ya que la vida les dobla sin compromiso.

¿Cómo pude reconocer la verdad?

Como un texto de un fragmento.

Cuando tu sonrisa me venía venciendo,

encontré mi hogar y lo perdí en la eternidad.

Pamplona, 2024

26. ¡He huido con mi corazón!

Sin pasión ardiente e intenso desgarro,

sin impulso rebelde lanzado en vano

su alma guiada por la mente invicta

ha hecho un nido para su vida estricta.

Allí, el amor del pasado no muestra su frente.

De una vez resignada a lo con que cuenta

ella, sin timidez, manifiesta fielmente

que en la sombra de sauces se siente contenta.

Ahora, sus recelos se han vuelto sobrantes

cuando camina por el bosque lejano,

aunque a veces se oyen, si al instante

se estremece un petirrojo cercano.

Ya no pasa más noches en vela.

Abrazándose en la sombra tranquila,

se libra de conceptos profundos de pena

sobre el destino, amor y sentido de vida.

Sucede que ella se enternece

con el oro tras la cosecha temprana:

a los campos sin fondo aún les pertenecen

los corazones de flores cortados a mano.

Está serena con su té de la tarde

con tormentas que preceden el alba.

Sus vías se han fundido en lo inevitable:

el amor ha surgido de la noche del alma.

No duda más su ánima despierta,

en su morada está cálida y fuerte

con el saber de su última canción:

«¡He huido con mi corazón!».

Pamplona, 2024

27. Bosquejando la eternidad

Como un cuervo sobre las ramas despojadas
ha diluido sepia con su negro liso,

dibujo la eternidad en las sombras heladas

con un pincel invisible bajo la lluvia plomiza.

Hay esperanza en ella como un árbol eterno

que brilla con citrinos en el follaje marchito;

y suena en su melodía tan tierna

el amor de Condesa en su carta pulcramente escrita:

«Desde ahora, te confieso bajo el velo

que sin cesar te amo, te amo tanto.

Me has enseñado a apreciar este cielo,

lo imperecedero. ¡Espera! ¡Que debería estar delirante!

¡Si fuera la belleza con la que comulgase!

Mi querido, que la paleta de alturas nos sobreviva

y el otoño polícromo no esconda que yace

nuestro fin en el octágono de turmalina.

Estas líneas escribo desde mi corazón.

Son como urracas en los prados textuales

y la neblina opaca de la noche de tesón.

En los campos de Alejandría[5] son mis batallas espirituales».

Como el humo azulado en los pueblos cercanos

ha diluido sepia con sus alas lisas,

dibujo la eternidad en las sombras heladas

con un pincel invisible bajo la lluvia plomiza.

Pamplona, 2024

---

[5] Los campos de Alejandría se refieren al papel de Alejandría que es un tipo histórico de papel para libros caros. Su nombre proviene del lugar de fabricación: Alejandría.

28. La antítesis

Nuestro encuentro ha sido decisivo,

pero no existimos, excepto tú y yo.

Lo que me siento es tan conflictivo

con la realidad que me desafió.

La naturaleza resuena con una señal

que arde la niebla en el cielo nocturno:

«¡Olvida sus ojos de celeste fatal!».

El recuerdo se aferra a su mundo.

«Trágate tu pena, mira, a lo lejos,

¡el horizonte no percibe su confín!».

Un grito de dolor rompe la calma, y su eco

refleja las ataduras de la sabia Mnemosine [6].

---

[6] Mnemósine o Mnemosina /nɪˈmɒzɪniː, nɪˈmɒsɪniː/ es la diosa de la memoria y madre de las nueve Musas en la mitología griega. Para preservar la estructura rítmica del verso, la autora opta por una pronunciación griega del nombre de la diosa con acento en la tercera sílaba, Mnēmosýnē.

Solía volar como un pájaro suelto

más allá de las tierras remotas

hasta el borde oculto tremendo.

De repente, mi destino tocó otras notas.

¿La flecha de Cupido? No, la espada de damasco

quemó la armadura del pequeño corazón.

Como la víctima, enfrentando su colapso,

me derrumbé gritando de dolor.

Pero mi mente no estaba desgarrada,

le indignaban los falsos melodramas:

«¡Yo protegía tu corazón enamorado!».

Se quemó en sus propias llamas.

Y presentando su fuerte argumento

mi mente venció las cartas de triunfo.

Me agarré a un clavito ardiendo

para hundir mi alma en un silencio difunto.

Vestida en el manto del orgullo

y bendecida por la divina voluntad,

el alma exclamó: «¡Es tuyo!»,

lo cual tocó la cuerda en profundidad.

El alma:

Quieres saber, ¡oh qué necesidad!,

cómo se siente la paloma tras un tiro,

cómo vencerme con la austeridad

si mi palabra es un sello de granito.

La mente:

La ilusión en tu discurso

es un declive a un matorral.

Estoy salvando esta dama, e incluso

le construí un claro y derroté el mal.

Un pradejón sin pretensiones

que luce cardos y adelfas,

un bastión de protección

de tu moral contra las afrentas.

El alma:

El calor de tu orgullo me asusta,

no trazas tu ruta a la humildad:

la umbela de la cicuta está a punto

de ocultar a la Osa Mayor. ¡Piedad!

Me ha sellado los ojos la oscuridad.

¡Qué lúgubre es la vida en esta prisión!

¡Si tan solo pudiera percibir la libertad

que respiraría con toda la emoción!

El vacío prospera en este claro de pudor

y huele a flores muertas.

¿Cuándo reposará este corazón del dolor

y alumbrará el orbe con su amor fuerte?

¿Cuándo se sentirá el cosquilleo

de fugaces palabras sueltas sin temer,

el instante eterno que en su apogeo

rompe la antítesis: ¿la dicha o el deber?

La mente:

La vida ciega, ¡qué casualidad!,

es una fe en el sagrado convento.

Aquí, estás abrazada por la verdad

que anhela tu reconocimiento.

Recuerda que tenemos derecho

a equivocarnos en la emoción.

Te esfuerzas mostrar que desechas

el amor por tu propio corazón.

La libertad es un fantasma que no tarda

en redimirse con otro dramatismo:

a la vuelta de la esquina te aguarda

la tristeza que enseña a volar, pero al abismo.

La impotencia acecha mi aspiración

de unir la cordura con la ingenuidad.

La esperanza se basa en la aberración

que vence a la muerte con su inmortalidad.

Qué triste estás, cómo te afliges...

El alma:

¡Oh, qué humillante es tu sofistería!

Me desesperas y diriges

a la voluntad rota. ¡Qué sabiduría!

¡Qué miserable eres en tu exhortación,

solo el corazón percibe la eternidad!

La mente:

Sin embargo, he llegado hasta mi ambición

de cruzar el umbral de la probabilidad.

Es una paradoja que entrelaza

el alma rebelde con la visión clara.

Sueña con amor. Nada te amenaza

dentro de este claro vigilado.

***

Precisamente como antes

tú y yo estamos encerrados.

¡Oh, corazón cristalino, que no te canses!

¡Oh, la mente, que no pienses en vano!

Pamplona, 2025

29. Ruta Madrid - San Petersburgo

El amanecer desvela la impureza.
El perfume y el café ocultan la tristeza

de que estoy sola aquí y unida
a las sombras de este teatro.

Fue yo quien eligió esta vida.
Esta mentira borrará mi desgarro.

En la ventana, el rostro refleja la verdad.
El nuevo estilo me esconde de la realidad.

Hoy como en el cartel
y entre las sombras del día

voy a interpretar mi papel
para que el mundo brille.

Un gemido repentino, ¡basta!, ¡callemos el llanto!
Me apresuro al concierto como a un servicio, sangrando.

Soy un ángel que derrocha
alegría en este teatro.

Me apresuro a dormirme. Anoche,
«ella» se liberó de lo que estoy harta.

Tras la puerta escondo lo que no necesito.
¿Quién ha vivido la vida sin quedar gravemente herido?

Mírame desde abajo
en este teatro de sombras.

De ellas yo me abstrajo,
aun así, me duele de sobra.

Los ojos no mienten si no estoy de humor.
Un vaso de agua, un masaje, ¡que dejes este rumor!

No fisgonees mi alma
en el teatro de ilusión.

Al final de mi trama
cerrarías el libro de la pasión.

¿Es la ley del destino o intención del dramaturgo
que voy deprisa por la ruta Madrid-San Petersburgo?

El té caliente en ese café
con mi atuendo teatral puesto

disipe el miedo de autodafé:
la franqueza ni se manifiesta.

¡Mintamos y sepamos que así es mejor!
Tú y yo mantengamos nuestro honor.

      En el teatro de sombras,
      juguemos un rol

            y abramos las puertas
            sin asomo de temor.

San Petersburgo, 2025

30. Si mis días no están en mis manos…

Si mis días no están en mis manos[7],
¿adónde me lleva este camino?

Aunque la lluvia ha mojado mis mangas,

me siento cálida y no me siento perdida.

Si fuerza mía nace en el tormento,

y la paz, cuando renuncio al mundo;

si la separación sigue al encuentro,

Oh, mirra, ¡que fume tu triunfo!

Si los sonidos se apagan sobre el asfalto mojado,

¿en qué mundo desaparece su aspecto?

Aquí no hay vacío, ni el tedio sobrado,

cuando oyes la voz tuya dócil e indirecta.

---

[7] Una alusión al Salmo 31:15: «En tu mano están mis tiempos: líbrame de la mano de mis enemigos, ¡y de mis perseguidores!».

Cuando mis días no están en mis manos,

vísteme con el lujo modeste,

para que mis ojos hablen todos los idiomas

y la vanidad olvide mi alma honesta.

Tavda, 2025

31. ¡No me digas que me lo imaginé!

Otoño. Un nido y tres preguntas de siempre,

si llego de noche, ¿es inconsciente?

Después de llover, la noche refresca.

Mi nostalgia no conocía la pérdida tan grotesca.

La mañana desprendía buen olor de su frío.

El cielo se cernía sobre un charco tranquilo.

Mis pensamientos corrían como arroyos de calle.

¿Comprenderás mi ausencia cuando me vaya?

La hoja de llantén[8] regeneró mi voluntad.

Sentí que por fin recuperé mi libertad.

Pensé que, con un poco de paciencia, tal vez

podría proteger lo que te había dicho antes.

---

[8] Llantén o plantago es una planta que crece salvaje y que tiene propiedades curativas.

La cachemira calentó mi alma y mi cuerpo,

como los ojos de un perro viejo y tierno.

A menudo contemplaba tu mirada tan sutil.

¿Acaso imaginé mi ternura por ti?

Valoro el sentido, tú lo que es constructivo.

No volverás por mí; no es efectivo.

¡Tu voz es música! De repente no me emocioné.

¿Mi amor? ¡No me digas que me lo imaginé!

Pamplona, 2025